AF189207

CAROLA SALIGER

Vom Wein und Sein

Gedichte

„Die einzige Konstante im Universum ist die
Veränderung."
(Heraklit von Ephesus)

Danksagung

Die Gedichte sind in einer Zeit geboren voller Liebe, Sonnenschein und Küsse im Herzen. Danke an Ilka, Ulrike, Astrid, Arne, Elke, Christiane und Carina.

Die Verse reiften durch die Jahre tiefster Freundschaft. Meine Grüße gehen an die besten Autorinnen aller Zeiten:

Katja Ammon und Jutta Lange. Ich danke euch beiden für eure aufrichtige und unbezahlbare, kreative, konstruktive, intuitive und logische Unterstützung bei meinen Versen und Texten und der Bändigung meiner überschwänglichen Flausen im Kopf.

Ein weiteres Danke gilt meinen Eltern sowie meinen lieben Kindern und meinem Mann, der über die Jahre nicht nur mein bester Freund geworden ist, sondern auch mein konstruktiver Kritiker, technischer Pannenhelfer und Lebensbestreiter, der mir und meinen sprunghaften Visionen liebevoll und geduldig zur Seite steht.

Carola Saliger, Leipzig im März 2019

CAROLA SALIGER

Vom Wein und Sein

Lyrik

Impressum

Bibliografische Information der Deutschen Nationalbibliothek: Die deutsche Nationalbibliothek verzeichnet diese Publikation in der Deutschen Nationalbiografie; detaillierte bibliografische Daten sind im Internet über http://dnb.dnb.de abrufbar.

Bild (Cover): CANASTEL (Acryl auf Karton)

© 2019 Carola Saliger

Herstellung und Verlag: BoD – Books on Demand, Norderstedt

ISBN: 978-3-7494-2950-9

Inhaltsverzeichnis

Ich träumte

Ich träumte
Ich wäre ein Erdstrahl
Leicht und hoch
Dass ich zu fallen wage
Wie eine Feder

Sühne

Wie oft der Tag tobt
Loben wir die Sprüche
Senken die Köpfe
In den fliehenden Rauch
Und wir treffen auf Menschen
Die uns zu einem anderen Blick verhelfen

Ein Winkel der Schuld
Die wir sühnen
Als hätten wir die trunkenen Götter
Gequält
Dass sie lachen
Und uns wahrnehmen
Als seien wir die Pest

Ohnmacht

Dabei (Gott lob)
Meinten sie es gut
Mit uns
Und schenkten uns ein Gefühl
Der Ohnmacht
Aus der wir erwachten
Als die Häuser sanken

Unsichtbar

Du hörst mich nicht
Du merkst mich nicht
Wie ich dir im Dunkeln auflaure
Dir den Strick um den Hals binde
Deinen Körper umschlinge

Mit den Armen einer Spinne
Mit der Zunge einer Schlange
Dein Herz rasselt
Wie der Atem eines Salamanders

Du hörst mich nicht
Du siehst mich nicht
Ich nehme deine Decke
Wie Seide kühle ich deine Haut
Dringe ein in deine Träume

Heile dir die Wunden mit Gift
Du merkst es nicht
Wie ich dir die Kehle durchschneide
Mit den Nägeln einer Elfe
Der Kühnheit eines Adlers

Und du wirst taumeln
An den Stränden des Uferlosen
Wirst hinaufsehen
Mit den Augen eines Blinden
Wirst hören
Mit den Ohren eines Tauben

Wirst schweben
Mit gestutzten Federn
Wirst hinabgleiten
Mit den Segeln einer Axt
Und du wirst es nicht vergessen
Weil es mich nicht gibt

Verschollener Tanz

Ein Nest voller Wespen
Ein Stachel im Heu
Die Nadeln der Antwort
Vor der ich mich scheu

Dein Lachen wie Federn
Am Horizont schwebt
Es zieht sich zusammen
Wenn die Tür sich bewegt

Es ist wunderschön, dich so anzusehen
Mit dem Schleier vor dem Mund
Es ist wunderschön, dich so anzusehen
Im Abseits der Vernunft

Ein Windzug im Atem
Ein Räuspern im Blatt
Wie glasklare Adern
In den Wipfeln der Nacht

Ein Ast ohne Käfer
Ein Blick ohne Glanz
Ein Hauch zwischen Funken
verschollenem Tanz

Es ist wunderschön, dich so anzusehen
Mit dem Schleier vor dem Mund
Es ist wunderschön, dich so anzusehen
Im Abseits der Vernunft

Musik

Ich hab mich der Musik verschworen
Im Irdischen bin ich verloren
Ich hab mich der Musik vollbracht
Und ohne Suche nachgedacht

Ich hab mich der Musik entzweit
Nun bin ich zu dem Schritt bereit
Alles für sie aufzugeben
In Träumen spür ich dieses Regen

Ich kann nichts tun, es schießt empor
Durch meine Brust, dem Bauch, dem Ohr
Es steigt hinaus, sich zu vereinen
Mit Gott, dem Himmel und dem Meinen

Ich such im Dunkeln mich zu stärken
An dem Notenblattgefährten
Kreise, Schlüssel, Saitenklirren
Texte, die den Kopf verwirren

Tapp` in bodenlos` Verstecke
Finde Gold hinter der Hecke
Mag sie auch die Sicht verweigern
Noch im Finstern zu ereifern

Mit dem Schwert muss ich sie weiten
Muss mit Rosenköpfen streiten
Kann den Gang nicht rückwärts lenken
Kraftlos würd ich mich verschwenden

An dem Ziel, das keines wär`
Geldgeschäfte falln mir schwer
Ohne Zweifel, jeden Mutes
Muss ich geben Schicksal Blutes

Hab genug an Zeit vergeudet
Hab mich selber ausgeläutet
Wenn nicht jetzt, dann nimmer mehr
Bin ich gewappnet für das Heer

Das Schwert

Wie soll ich mich nur trennen vom
Gedanken, dass ich sterbe
Dass Gehen und Vergehen etwas wirkt
Dass Neues werde

Ich wälz im Kummerspeck mich fett
Wie eine Made
Die Wege der Versuchung irren mich
Auf eine Gerade

Ich halt das Schwert gar senkrecht still
Zu mürben meinen Schädel
„Engarde" dem Lichte, weil ich will
Zu schneiden meinen Faible

Dem Ziel so nah, dass ich zerbreche
Mich der Launen silbern bieg
Als könnten hundert Jahre Zeche
Aufrecht halten blechern Sieg

So steht die Rüstung Bauch an Schwert
Mit Donnerschlag verteidigt
Am Kreuzes Zug das fiebernd Heer
Vom Regen schwer gepeinigt

Und wie der Wurzelfuß sich ziert
Metalle aufzuspalten
So schafft es auch der Aufbruch Gier
Das Glück nicht aufzuhalten

Der Niedergang

Ich stürze tief und fall hinauf
So nimmt das Schicksal seinen Lauf
Gebrochne Arme ohne Schmerz
Das Trübsal keuchend rückenwärts

In Blasenform wohl aufgebläht
Dem Monde auf den Kopf gelegt
Die Schwefelhaare ausgezerrt
Mit Hand und Siegel ausgemerzt

Dass ich auf Leitern nun muss wanken
Um nicht an Tiefenangst zu kranken
Die Hand noch haltend an den Sternen
Die mit mir fallen zu Laternen

Nun leucht ich selbst als Kopfsteinpflaster
Auf mir schwimmen kleine Laster
Nicht größer wohl als Sohlendreck
Der nächste Regen spült ihn weg

Pulsschlag

Hörst du den Pulsschlag im Boden
der Hoffnung
spürst du den Atem, der flussabwärts zieht-
Schieb das Geröll aus den Fässern der Adern
im kommend Dunkel ein Furchtloses liegt

Hörst du die Schritte, die sich dir entbehren
In dem Getrümmer aus brechendem Stein
Hörst du den Pulsschlag im ranziehend`
Gewitter
Öffnen sich Poren vom bebenden Schrei

Liebe

Solange man nichts sagt
Ist nichts gesagt
Und nichts gesagt sind keine Worte

Sie bedeuten der Welt nichts
Und der Welt nicht anzugehören
Ist nichts wert

Der Wert ist wie Mystik
Und Mystik ist Illusion
Illusion ist Zauberei

Und Zauberei ist Liebe
Liebe ist die Erkenntnis
Nichts zu sagen

Am Brunnen

Sie strampelt mit den Beinen
Und wirbelt Steine in ihr Herz
Du hörst sie weinen
Und fühlst ihren Schmerz

Regenbogen schwimmen
Auf ihrem Kleid
Und verschwinden in der
Dunkelheit

Der Boden ist aufgerissen
Und zieht die Steine in sein Leck
Doch in den Tälern
Liegt ein Urgewissen
Weiß und unbefleckt

Farben

Rot und rot
Ergibt lila
Grün und grün
Ergibt blau
Gelb und weiß
Ergibt Lügen
Braun und schwarz
Ist nicht schlau

Lass dich fallen

Lass dich fallen, lass dich gehen
In der Sonne Durchbruch schweben
Lass dich reiben von den Sternen
Lass dir zeigen, wie sie wärmen

In der Sonne, in der Brandung
Grüne Augen der Verwandlung
Von dem Zauberheer der Klippen
Kann die Angst nicht überbrücken

Idee

Oh du Tag der trunkenen Süße!
Wen hast du eingeweiht
in den bitteren Nächten
und zur Taufe gehoben?

Das Glück beginnt im Tau,
in den kristallklaren Vollendungen
einer Idee.

Während ich durch den Wald stapfe
und den Spinnen die Hand reiche,
benetze ich mich mit kühlen Gedanken,
die die Luft zerreißen
in tausend Fetzen Weg.

Ihr werdet staunen

Noch tiefer mag ich nicht zu gehen
Ich sehe nur den Grund
Meiner Resignation
Meiner Rebellion
Ich fühle mich wie ein Held
Und es hat nichts mit Geld
Zu tun

Ich fühle mich wohl und nicht so hohl
Wie sie
Die Viehtreiber
Diese Tierzüchter von Würmern
Die sich kringeln und den Bauch tätscheln
Wenn sie sich selbst verhätscheln
Als hätten sie selbst die Götter erfunden

Und die Welt ist doch gerecht
Ich hatte Pech
Aber nun nicht mehr
Ich bin ein Heer
Voller Ideen
Ihr werdet mich sehen
Auf dem Podest meiner Launen
Ihr werdet staunen

Rotlicht

Und sieh ihre furchtlosen Mienen
Wie sie gelangweilt das Glas halten
Um ihre Gesichter zu schwenken
Nach surrenden Mücken
Das Blut saugend

Sich in Netzen verfangen
Sich einen Reim spinnen
In bodenloses Rot
Sinkend

Feierliche Stimmung
Stammeln
Den guten Ton angebend
Unter den Rock blickend

Die Garde der Alten
Trübt die Linse
Einer großen Aufmachung
Tanzender Mäuse

Was bleibt

Was bleibt
Das bleibt
Es ist nie verlorene Zeit
Es ist ein Geschenk
Ich denk
Nicht drüber nach

Es ist wie es ist
Es bleibt und keimt
Jahre der Trostlosigkeit

Werd mich entsinnen
Neu beginnen
Was bleibt
Ist die Zeit

Ich schau zurück
Schau nach vorn
Ich hab noch nie verloren
Es ist immer ein Gewinn
Und ich beginn

Das Kindergesicht

Der Herbstwind kühlt die Kinderstirn
Ganz heiß ist sie vom Stimmgewirr
Was die Erwachsenen so reden
Seltsam ist so ein Erleben

Schachmatt

Ich hab es nicht gewollt
Bis hierher zu kommen
Es kam zu mir
Und ich weiß nicht
Was ich damit anfangen soll

Aber das Anfangen ist nicht das Schlimmste
Es ist mein kaputtes Herz
Selber schuld
Tabletten und Alkohol sind eben keine gute
Kombination

Ich kann nicht aufstehen
Nichts kann ich
Ich kann nicht mehr

Wie ein Film

So fürchtet er die edlen Fackeln
Des Hasses und der Niedertracht
An Sucht und hungrigen Eifer gekettet
Verstrickt in Neid und Bitternis
Wenn er sich mit Weibern behängt
Wie der Mond mit Sonnenklingen

Sein Schwert führt er mit
Hinterhältiger Maske
Die Moral predigt er
Wie die Sünde selbst
Um sich gut zu stellen
Mit weißen Engeln
Auf ihren Teufelsflügen

Mit schwerwiegender Leichtigkeit
Stemmt er sich gegen die Zeit
Und bäumt sich auf
Mit verrauchender Wut
Um sich in Wolkenschlingen
Zu verfangen
Die in Starre fällt
Und des Schreibers Hand
Auf frivole Weise lähmt
Damit es die Gestirne
Nicht aus der Bahn wirft

Er macht mir nichts vor
Wenn er die Blicke an sich zieht
Wie das Haar einer Frau
Die ihren Duft verströmt
Um seine Finger wickelnd
Auf einen Film spulend

Grandiose Zeit

Welch
Grandiose Zeit
Im Gestöber stürmender Wunder
Eine Stunde Erfüllung wie ein ganzes Leben

Es ist
Als wäre das Gestern ausgeschalten
Wie das Knistern im Kopf
Als Echo bodenloser Herzen

Der Versuch
Es aufzufangen ist vergebens
Das Lasso der Zeit
Ohne Dimension

Wie geht es Dir

Was find ich nur
Rück die Bilder ein Stück näher
Wo zeigen die Pfeile hin
In welche Richtung sie auch drehen
Sie kreisen um sich

Sie greifen nach dir
Diesen Augenblick festzuhalten
Will dieses Bild behalten
Was ich auch such`
Was ich auch find`
Ich glaub nicht
Dass es Liebe ist

Weil Liebe keine Sehnsucht kennt
Weil Liebe glücklich macht
Weil Liebe nicht in Wut zerrinnt
Jedes Mal
Denke ich

Ich kann nicht gegenübertreten
Zerfalle
Zerstreue mich in alle Richtungen
Suche den Notausgang
Um zu entkommen
Den neugierigen Blicken

Dem Tanz im Herzen
Mit weggebliebener Stimme
Spaziere ich wie ein Käfer auf dem Stock
Plustere mich auf
Schwirre ab
Geistere im Labyrinth
Höre auf den Atem
Der Tropfsteinhöhlen

Ich ringe um Fassung
Spüre Hände
An meinem Rücken
Die nicht loslassen
Weil sie gewiss sind
Und keine Träumerei

Wer kann schon Träume fassen
Wenn sie Stück für Stück wahr werden
Und wie geht es dir
Frage ich Dich

Himmel und Hölle

Auf Himmel und Hölle zu stehen
Ist nicht das Schlimme

Da nicht rauszukommen
Weil viel zu schwerfällig
Das ist schlimm
Und dich nicht umarmen
Zu dürfen

Licht

Es pocht das Herz ganz unsichtbar
Es ist nicht tief und dennoch wahr
Wie einst so eindrücklich beschrieben
Was es heißt, sich selbst zu lieben

Dass am Rand, ganz nebenbei
Ein Stern entsteht, so hoch und frei
Der Platz zur Rechten nebenher
Recht glanzlos und zu greifen schwer

Ich blick hinauf recht unbefangen
Der Himmel voll mit Licht behangen
Das weder zähmt noch mich verzagt
Recht ausdruckslos und dennoch stark

Deine Augen

Welch sanfte Haut
Welch sanftes Zucken
In deinen Wimpern
Wenn du vor mir stehst

Wie ein Traum
Den ich fürchte
Weil ich danach aufwache
Und dich ansehe

Deine Augen kein Ozean
Nur Sand
Ich stehe auf diesen

Barfuß

Denkt man oder lieber nicht?
Sein, ein Antlitz fremder Sicht.
Was will das Schicksal im Moment?
Wo führt es hin, was man nicht kennt?

Das Universum im Gestirn vereint.
Der Singsang lenkt vertagte Zeit
In Meereswellen eingefroren,
Im Tiefrausch schleichend auserkoren.

Auf Boden ohne Muschelschalen,
Barfuß ohne Strandsandalen,
Sink ich hin, den Sinn zu spülen,
Um mir meine Stirn zu kühlen.

Die Zukunft

Ein Wankender
Zwischen Abdruck und Fuß
Ein leuchtender Kopf
Gespenstischer Ruhe
Entzücken
Lässt greifende Absicht
Den festen Aufprall
Tobender Zukunft

Was ist Zeit

Wüsten ohne Sand
Strömung ohne Wasser
Was ist Zeit?
Träume verwerfen?
Uns hingeben?

Die Krähe

Wenn ich dich sehe
So schwarz gekleidet
In deinem Kostüm
Wie das Laub
Das zum Stamm gehört
Gelöst
Vom Flug
Im Kreislauf

Liebster

Als wir uns kennenlernten
Das Begehren schwankte
Meine Hand dein Haar durchstreifte
Sanft in uns die Hoffnung keimte
Gebunden, fest fürs ganze Leben
So glaubten wir, sei unser Regen

Dass ein Paar wir werden würden
Erklimmen vieler endlos Hürden
Das Schicksal einte unser Glück
Du rücktest näher zu mir ein Stück

In sanften Wogen führte unser Weg
Eng zusammen, Stück für Stück
Schwere Zeiten ließen unsere Herzen weiten
Mit mir als Frau an Deiner Seite

Schaffst du es, mich stets zu erden
Der höchste Thron, den wir erstiegen
Gemeinsam, ohne uns zu biegen
Sind unsere Kinder, die wir lieben

Niemals zweifelnd bin ich deiner sicher:
Du
Meines Sturmes Hand
Die mich führt auf festes Land

Ich liebe Dich

Die Tränen rinnen von den Wangen
Weil der Schmerz mir stärker ist
Er bohrt und findet sein Verlangen
Dass Liebe keine Zeit bemisst

Ich fühl in Trunkenheit mich stark
Doch wenn der Tag die Seele stumpft
Dann klingen all die Worte karg
Und die Gefühle sind ein Sumpf

Ich kämpfe schwer mich durch die Öde
Bemüh` mich hoch an Land zu ziehen
Doch beim Versuch merk ich, wie blöde
Es doch ist, dir zu entfliehen

Ich steh vor dir, so völlig nackt
Mit allen Makeln, die ich hab
Und weiß doch, dass es sinnlos ist
Weil Illusion mein Herz zerfrisst

So steig ich tiefer in das Sein
Die hohe Macht, die lädt mich ein
Die Welt zu sehen, wie sie ist
Und plötzlich bin ich mir gewiss:

Dass der Sinn der Liebe gleicht

Sie zu finden ist nicht leicht
Wie das „Vater unser" beten
Kann man sie aufs Neu` beleben

Nicht mit Kopf, auch nicht mit Trieb
Nur die Seele ist`s, die liebt
Wankt, der Schwäche zu vergeben
Will mit dir mein ganzes Leben

Siehst Du

Siehst Du auch die Sterne,
wie sie näher rücken.
Immer dichter an uns ran,
als würden wir die Lichter empfangen
und in uns weitertragen
wie Glühwürmer,
wenn der Kopf schwer wird,
unaufhaltsam den Gleichklang der Seelen
wiederbelebend.

Noch ist es finster, aber deine Augen
glänzen, wenn ich in sie eintauche
und dem Ruf der Schwalben folge,
die über die Dächer hinweggleiten,
als wäre nichts geschehen…

Aber die Stadt hat sich verändert!

Die Menschen darin sind fröhlich!
Sie lächeln mich an!
Sie folgen mir, so wie ich deiner
Stimme folge…
Am Telefon, wenn du sagst: „Hallo"
und es noch einmal wiederholst:
Ich sag es dir nochmal: „Hallo"

Und die Dächer heben sich von den Mauern!

Und die düsteren Gedanken durchbrechen
die Spalten des Frühlings.
Und wenn ich den Hörer auflege,
dann setzt sich eine Amsel dicht an mein
Fensterbrett
und singt.
Nur für mich.

Ein formloser Gedanke

Ich weiß natürlich um den Rat der Weisen
Dass man Schwangerschaft muss beweisen
Nur ein formloser Gedanke
Bildet eine Babyschranke

Es muss erst murren und muss zappeln
In der Mutter Bauchesleib
Im Kopfe wildgekreischtes Rappeln
Verstrickt sich Urgroßmutters Kleid

Die Nadeln klirren, die Hosen wachsen
Am Bund der Nähte Kreuzesstich
Den Tisch ziern saftge Schweinehaxen
Zum Festschmaus Vaters stolz Gesicht

Und wie die Alten wankelmütig
Ihre Zigarillos pfeifen
Die Frau im Fieber schwitzend blutig
Ein Kind gebiert zur Wonne greifend

Von Welt umrissen, Augenlider
Noch nichts sehend, unberührt
So kehrt zurück der Alltag wieder
Vom „Kinder kriegen" unberührt

Mutterglück

Du purzelst in
Meinem Bauch
Als Zuschauer
Meiner Bildergalerie

Zwischen Deinen Augen
Wunder
Wirfst Du Licht

In meinen Bauch
Um es mit deinen kleinen Fäustchen
Zu entflammen

Jetzt halte ich mich nicht mehr raus
Aus meinem Leben!
Ich gebe, was mir nie
Genommen werden kann!

Die Gezeiten

Der Himmel mit schillerndem Laub
Behangen
Ein Versteckspiel
Im Labyrinth

Ein Auf und Ab
Der Gezeiten
Der Launen
Der Trügerischen
Greifbaren
Sonne

Schwanken
In den wehenden Tagen
Der Erdgeister
Winter und Sommer
Und der Herbst und der Frühling
Die trächtigen Glieder

Ein Staffellauf
Hand in Hand
Niemals ruhend
Kein Ende, kein Anfang
Kein Eingang, kein Ausgang

Irgendwo
Wir Menschen darin
Zwischendurch, zwischendrin
Ein kurzes Streben, Seufzen.

Wortspielerei

Tanzen ohne Franzen
Ist wie Stolpern ohne Poltern
Poltern ohne Stolpern
Ist ein Holpern bei dem Stolpern
Ohne Poltern

Beim Tanzen ohne Franzen
Klingen Trommeln wie die Bommeln
Einer Mütze voller Grütze
Beim Stolpern in die Pfütze

Salomon

Salomon, oh Salomon
Richtig ist die Lage so:
Wenn ein Rechtsstreit
Dich entmündigt
Hat dein Chef dich wohl
Gekündigt.

Gut gemeint

Zerrissene Jahre im Kellergewölbe
Was bleibt, ist der Staub in der Lunge
Triefender Schweiß
Zwischen haushohen Barren
Im Lachen erfriert Deine Jugend

Die Hände erreichen die Ohren nicht mehr
Stumm ist der Tanz in den Sälen
Und während du fällst, hält dich auf der Welt
Ein Kinderkichern am Leben

Ein Windzug zieht durch den Mauerspalt
Die Zeit legt ein Mühlrad ins Bett
Und zwischen den Klagen träum ich von den
Tagen,
Wo Wasser mehr Wert hat als Fett

Die Worte sind lahm, die Schafe sind zahm
Die Weide liegt eben bereit
Und wenn dann ein Mensch
Die Landschaft zerbricht,
Hat er es wohl sicher nur gut gemeint.

Zukunft

In den eisigen Sümpfen einer Prophezeiung
Die ich mir selbst verschrieb
Wage ich nicht vor
Nicht zurück

Im Streit der Mächte
Aushebend
Die Tragödien
Erdiger Vermächtnis
Zukunft

Nichts ist
Nichts wird
Nur kahle Vorwürfe
Auf den Rücken
Schälend
In der Sonne
Beißend
Schreckend
Vor sich

Schock

Und so hebt sich die Welt
Wie eine Plastik aus dem Himmel
Grenzt sich ab, um sich zu tarnen
Als schwarzes Ungeheuer
Unschuldige Träume zu erschrecken

Abschied

Wenn der Mond gefriert
Und sein Ansehen sich versteckt
Wenn das Schwarz regiert
Hinter seinem Augenfleck

Sich die Tränen ballen
Zu einer Faust
Sie muss raus
An die frische Luft
Einen herbstklaren
Gedanken fassen

Wenn der Himmel trotzt
Und der Schlaf kein Auge rührt
Wenn der Regen klopft
Mit dem Schnabel an der Tür

Ein ungebetener Gast
Eine Last
Er muss raus
An die frische Luft
Einen herbstklaren
Gedanken fassen

Wenn der See sich spaltet
Dein Gesicht verschlingt
Wenn das Eis sich weitet
Zu einem Wasserfall
Entspringt

Sich die Zähne ballen
Zu einer Faust
Sie muss raus
An die frische Luft
Einen herbstklaren
Gedanken fassen

Abstand

Schlaflos bin ich dir erlegen
Eine Meile weit entfernt
An den Ufern tobt das Leben
Funkelt wie ein Fisch im Stern

Wollte dir noch nicht entkommen
Hab mich in die Nacht gereiht
Ist der Tag ins Meer geschwommen
Funkelt wie ein Fisch so kalt

Blüte

Nicht aufgewacht
Im Aufgeweckten
Streben

Verbissen
Verbohrt
Lebhaft rumort

Mein Gewissen
In Deinem
Leben

Erkenntnis

Ich fühle nicht
Weil ich sehe
Ich taste nicht
Weil ich höre
Ich leugne nicht
Weil ich ahne

Monolog

Ich sitze nicht hier
Um zu schreiben
Ich schreibe hier
Um zu schweben
In meinem Weltall
Erde

Gebet

Sieh, wie die Gestirne wanken
Sich an Zäunen brüsten
Und die Blätter haltend
Den Kopf recken
An lichterhohe Gedanken
Getaucht
In ein Gebet
Für dich
Schließen sie uns ein
In der Nachtsonne Tag
Gott sei mit dir
Und ich mit Gott

Fleischwolf

Zieh durch den Fleischwolf
Die bitteren Tage
Stell keine seltsame
Irrsinnige Frage
Atme tief durch
Du bist nicht allein
Mach dich vor lausigen Ämtern
Nicht klein

Scheu mit den Blicken nicht Sieges Podest
Denn jede Sekunde ist ein Spiel und kein Test
Zieh mit den Fingern einen Strang tief ins Herz
Und bade nicht in deinem flüssigen Schmerz

Betrachte das Leben
Als staunenden Mund
In Quacksalber Stunden
Mach die Vierecke rund
Das Leben ist seltsam
Die Liebe ist`s auch
Was soll ich nur tun
Wenn ich dich doch so brauch

Herbstlaunen

Ich werde wohl durchs Gitter fallen
Wie Fisch im Grab verstümmeln
Der Postmann wird die Klingel krallen
Wo dran steht: grauer Schimmel

Der Herbst zerfällt zu gelbem Korn
Die Blätter fallen wie Tränen
Ich hier im Erdenreich verloren
Umgeben von Hyänen

So sitz ich da, das Bier schwappt nach
Zu Zechen, die mich prellen
Und so im Rausch, da werd ich wach
Mir Geister zu bestellen

Wie ich im Teufelsleib verpackt
Dass meine Haare lodern
Die Kleider lose, splitternackt
So werd ich dich erobern!

Seh trüb gelaunt den Pegel sinken
Der Tisch, der fackelt lichterloh
Die Silberfischlein am Ertrinken
Sind ihres Lebens nicht mehr froh

Weitsicht

Zu was ich auch tauge
Ich Taugenichts
Lieber weile ich
In schaukelnder Harmonie
Wie der Halter
Einer Glühbirne

Trauer

Es sind die Täler, die wir betreten,
als wäre es ein Heiligtum
schäumender Brunnen,
in die wir geebnet werden
wie eine Fußinsel.

Die weißen Blätter füllen sich
mit modriger Erde,
die wir in der Hand halten,
wie ein einziges Stück
Erinnerung an ein Leben davor.

Wie tief die Furcht liegt, so hoch
sind unsere Träume,
dass wir sie nicht fassen, ein unendliches Tal
brachliegende Trauer.

Dir zu gefallen

So wie die Nacht unter Tage
In der ich nicht bin
Weil sie sich irdisch nennt
Umhülle ich mich in Schweigen
Wie eine Mondtraube
Dir zu gefallen
Glänze ich

Reibe mir den Schmutz in die Augen
Um nicht zu sehen
Wer ich bin
Das Drama lebe ich selbst
Ich brauche dafür keine Trauer

Ich schöpfe Mut
Aus einer Kraft
Die tief in mir kämpft
Nur weil der Körper nicht schafft
Dich zu fassen mit allen Sinnen

Niemals

Es rieselt hinein wie Schnee
An einem heißen Sommertag
Wo das Laub und die Blüten welken
Das kühle Nass in sich aufsaugend

Ich krümme mich vor Schmerz
Zusammen
Wird es nie sein

Ich kann nicht loslassen
Kann nicht vergessen
Ich blute aus
Bin nahe bei ihm
Wie der Schnee,
der aus den Poren tropft

An einem heißen Sommertag
Im Gehirn pochend
Als Indiz
Des nie Dagewesenen
Und Verleugnenden

Nicht wissend

Kennst du das Gefühl
nicht zu wissen, wer du bist?
Es ist wie einen großen Eisberg zu erklimmen.
Du steckst mittendrin, kommst nicht voran.
Du vermisst den Pulsschlag in deinen Ohren
und das Kribbeln in den Fingern.

Du fühlst dich verloren, wirst nicht gehört.
Er verfolgt dich wie ein Falke das Nest.
Du schlägst mit den Flügeln ins Nirgendwo.
Die Luft viel zu dünn, du atmest aus Protest.

Kennst du das Gefühl
nicht zu wissen, wer du bist?
Du steckst bis zum Hals im Sand,
wartest auf den Regen, der nicht kommt.
Du siehst das wolkenlose Heer
schwarzer Magie.

Du verwünschst und verfluchst
diese Öde aus Stein.
Schlägst um dich, aber vergeblich.
Es wird nie das sein, wonach du suchst,
es bleibt immer nur der Spiegel
im Schlamm.

Offene Stunde

Und in den ruhelosen Nächten
Wanke ich im Pelz
Durch die offenen Fenster
Die Lippen zu streifen
An denen ich meine Krallen wetz`

Und an den milchweißen Zähnen
Breche ich mir das Fell
Um es auszulegen als offene Stunde
Die der Tag krönt
Wenn die Gesichter sich zu Katzen rollen

Für Dich

Himmelschweiß auf goldnen Kiefern
In dem Dickicht edler Gunst
Wimmelnd hüpft das Ungeziefer
Platt gedrückt im blauen Dunst

Hände laufen wie durch Bäche
Wie ein Kamm streift durch das Haar
Zahlt der Winterluft die Zeche
Vom voraus gegangen Jahr

Und ich heb dich wie ein Becher
In des Frühlingstrauben Wein
Schwindlig wird mir von dem Fächer
Aus des Rosenkranzes Keim

Süße Stille soll betäuben
Mit der Tauben weichem Klang
Meine Seele zu beläuten
Unter Mondes leichtem Gang

Sink nun brach ins Nest der Täler
Geb mich meinen Träumen hin
Riesle sanft in deine Schulter
Unter deiner Obhut Kinn

Stille

Zurückgeworfen
Und wie eine Schale halt ich ihn
In den Händen

Zu trinken die süßliche Nacht
Unter dem Kreuz
Dem Himmel zu leuchten

Das von den Tälern fackelt
In die bodenlosen Herzen

Stille

Die Stirn umgeben
Von durchsichtigen Fäden
Auf denen ich balanciere

Deine eingezogene Schulter
Eine Schale
In die ich den Kopf senk

Eisfeld

In den versunkenen Träumen
Erwachen wir im Eisfeld
Den Trübseligen zu fürchten
Wie die Hand einer Nessel

In den kalten Lichtern
Scheuen wir uns der Sonne
Die Finger klammernd
An erdlosen Blättern

Vom Mürben

Wie vertraut ist mir das Sitzen
Immerzu beim mürben Schwitzen
Ich sitze hier, Nacht ein, Tag aus
Und komm vor Grübeln nicht mehr raus

Mein Liebster wartet unterdes
In seinem neu ergattert Dress
Ich aber liege stumm
Und schlag mich mit Vokabeln rum

Was wird er tun, wenn ich hier faule
Und um neue Worte jaule
Bis ein Funken Geistesblitze
Mir in meine Adern spritze

Dass nun ein leeres, weißes Blatt
Wieder neue Füllung hat
Und der Schuss vom roten Wein
Wieder eintaucht in das Sein

Wenn er vor mir steht, wird sagen:
Ach wie hab ich dich vermisst!
Den süßen Geruch in meinem Bette
Deiner Lippen sanfter Glätte

Und ich hin duckend seiner Wärme
Wohl bald wieder vom Leben schwärme
Das doch einst so unwohl tat
Und ich ihn um Verzeihung bat

Soll nun verstehen einer diese Kluft
Die klafft und müht sich wie ein Schuft
Die zwei verschiedenen Reigen zu vereinen
Und gegenseitig aufzukeimen.

Unvergessen

Was liegt uns die Welt zu Füßen
Wie ein ausgelegter Teppich
Den wir betreten
Den Heiligen Gral in der Hand haltend
Zwei Ausgesetze in der Wüste
Dahin schreitend
Ins Meer
Der Unvergessenen

Vertraue mir

Du lachst mich aus!
Siehst auf mich herab
Wie ein König
Auf sein Gefolge

Vertrau mir

Dich anpreisen
Um jeden Preis
Jeden Tag
Jede Stunde
Bist du
Um mich
An mir
Vertrau mir
Wenn ich dich
Wegstoße

Auf und ab

Ein Auf und ab
Gegen-, miteinander
Nach- und zueinander
Das Surfbrett
Auf dem ich schwanke
Bist du

Was ich bin
Verdanke ich auch dir
Es ist unrecht
Mich zu rechtfertigen
Dich verändern zu wollen
Um mich nicht ändern zu müssen

Du willst eine Businessfrau
Die ich nicht bin
Ich will
Aber ohne Dich
Will ich genauso nicht

Altern

Das Herzlein sticht
Der Kopf ist schwer
Die jungen Jahre sind nicht mehr

Das Altern macht ganz schön zu schaffen
Im Spiegel seh ich Falten gaffen

Rücksicht

Die Spuren verwischt zu einem Stück Holz
Im treibenden Nass einer abhanden
Gekommenen Zeit
Die nur noch plätschert im Quell Sand
Eingeebnet in ein Land
Unvergessener Rücksicht

Das Samenkorn

Welch aussichtslose Macht
Verbündet sich in den
Tiefen der Erinnerung
Wo wir glauben
Ohne zu ahnen

Wenn wir uns würden nimmer sehen

Wie meintest du, würd`s mir schon gehen
Wenn wir uns würden nimmer sehen?
Die Texte würden ferne bleiben
Ich könnt mich selbst nicht mehr leiden

Die Seele, die unmerklich ruht
Pumpt täglich jede Menge Blut
Wie meintest du, würd`s mir schon gehen
Wenn wir uns würden nimmer sehen?

Die Seele schwappt tagaus, tagein
Hundert kleine Verselein
Wie meintest du, würd`s mir denn gehen
Wenn wir uns würden nimmer sehen?

Der Federhalter scharf gespitzt
Wenn du in meinen Armen schwitzt
Wie meintest du, würd`s mir denn gehen
Wenn wir uns würden nimmer sehen?

Die Seele würde aus mir ziehen
Weit weg von Haut und Nikotin
Das Blatt vor meinem Aug` blieb leer
Wär vollgepumpt mit Tränen schwer!

Novemberfrust

Oh, trübseliger November
Setz einen Haken in deinen Kalender
Nebelschwaden räuchern mich
Zu einem fetten Tintenfisch

Schlängelkurven, Bremse, Gas,
Wie ich auch kupple, Straße nass
Nicht kalt, nicht trüb, nicht mild, nicht trocken
Nur ausgehöhlte Pflasterbrocken

Ins Lenkrad beißen könnte ich
Blind wie ein Maulwurf hetze ich
Kopfüber in die Dunkelheit
Der Motor liegt mit mir im Streit

Und meine Liebste völlig baff,
Fragt: »Haste deinen Dienst geschafft?«
Ich nicke nur, setz stumm mich nieder
Und starre sabbernd auf ihr Mieder

Doch dieses Biest schaut stur herab
»Ich habe den November satt!«
Beißt in `nen Apfel rund und schön
Und sagt: »Ich werd jetzt schlafen gehn!«

Urlaub

Das höchste Glück auf diesem Erden
Ist wohl den Wanderweg zu Fährten
Entlang an Büschen, buntem Laub
Durch Matsch und Schlamm hindurch und
Staub

Wenn auch die stärksten Seelenschranken
Wie Bäume an den Bächen wanken
Wird mein Herz so weich wie Schnee
Wenn ich auf den Urlaub seh

Hoffnung

Wie ein Blatt zogs mich ins Tal
Den Menschen Stirn an Stirn zu stehn
Doch all die Schrecken ihrer Qual
Konnt ich in ihren Augen sehn

So schwer war mir, zog mich zusammen
Vom Tropfen trank ich bis zum Schluss
Wie welk war ich, in mir gefangen
Und wachte auf durch deinen Kuss

Vom Schreiben

Vielleicht sollt ich nicht länger fragen
Stattdessen meinen Tunnel graben
Am Ende fängt das Staubgesicht
In seiner vollen Pracht das Licht

Und während ich mich bohrend schinde
Im Dunkel manche Lösung finde
Bilden Stäbe aus Gedanken
Unkraut wuchernd neue Ranken

Denn das Ziel schießt kerzengerade
Wie des Wortes neuer Guss
Als pompöses Kampfgeschwader
Durch den trocknen, öden Fluss

Während Bände sich erschließen
Und auf dürren Gräsern sprießen
Streich ich sandbedeckt die Hand
Über neu erforschtes Land

Und am Ende pfeif ich leise
Unter feuchtem Tränenschweiße
Zwischen Qualen und Entzücken
Neue Töne für die Mücken

Flockenschmerz

Ach, der Kummer soll ertrinken
Sich in Freude wiederfinden
Zwischen Lichterglanz und Schnee
Jauchzen Kinder ihr juche

Weihnachtssterne, Weihnachtswunder
Auf dem Jahrmarkt purer Plunder
Will er keine Schlüsse ziehn
Aus Dingen, die sich falsch anfühln

Tief im Herzen kommen Schranken
Unbarmherzig laut ins Wanken
Zwischen Straßenlärm und Dreck
Will ich möglichst von hier weg

Nicht in alte Spuren steigen
Deren Wehen mich zerreiben
Sondern strebend, singend, lachend
Meinen Tag mir glücklich machend

Und der friedlich, sanfte Klang
Rinnt an meiner Haut entlang
Rieselt zärtlich in mein Herz
Und zerschmilzt im Flockenschmerz

Abschied

Ein leiser Flügelschlag
Vom Wind getrieben
Weiche ich zurück
In mein Herz

Das Tränen tropft
Zitternd, bebend
Von mir gewichen
Der Trost

Die Stille
Worauf mein Kopf sich senkt
In Trauer
Abschied nehmend

Von dir
Geliebter Tag

Die Träumerei
So süß und zart
Die Tasten tief und warm
Trägt der Tod dich fort
An einen hellen Ort

Und in mir bleibt
Eine unvergessen
Lichterlohe Zeit